17 Simple present pas
(einfache Form der

be (not) + past participle

ich werde gefragt/gefunden		
I	**am**	**asked/found**
you	**are**	
he she it	**is**	
we you they	**are**	

KURZFORMEN	
I'**m** you'**re** he/she/it'**s** we/you/they'**re**	**asked/found**

werde ich gefragt/gefunden?		
am	I	**asked/found?**
are	you	
is	he/she/it	
are	we/you/they	

ich werde nicht gefragt/gefunden		
I	**am**	**not asked/found**
you	**are**	
he/she/it	**is**	
we/you/they	**are**	

KURZFORMEN	
I'**m** you'**re** he/she/it'**s** we/you/they'**re**	**not asked/found**

–	–	**asked/found**
you	**aren't**	
he/she/it	**isn't**	
we/you/they	**aren't**	

werde ich nicht gefragt/gefunden?		
am	I	**not asked/found?**
are	you	
is	he/she/it	
are	we/you/they	

KURZFORMEN		
aren't	I/you	**asked/found?**
isn't	he/she/it	
aren't	we/you/they	

♦ Das *past participle* eines regelmäßigen Verbs wird von der Grundform + *ed* gebildet.
♦ Für das *past participle* der unregelmäßigen Verben siehe Kapitel 28.

Beispiele: *English and French* ***are*** *spoken in Canada.*
Are *cigarettes* ***sold*** *to children in this shop?*
Guns ***aren't carried*** *by policemen in Great Britain.*

18 Present progressive passive *(Verlaufsform der Gegenwart)*

be (not) being + past participle

ich werde (gerade) gefragt/gefunden		
I	**am**	**being asked/found**
you	**are**	
he she it	**is**	
we you they	**are**	
KURZFORMEN		
I'**m** you'**re** he/she/it'**s** we/you/they'**re**	**being asked/found**	

werde ich (gerade) gefragt/gefunden?		
am	I	**being asked/found?**
are	you	
is	he she it	
are	we you they	

ich werde (gerade) nicht gefragt/gefunden		
I	**am**	**not being asked/found**
you	**are**	
he/she/it	**is**	
we/you/they	**are**	
KURZFORMEN		
I'**m** you'**re** he/she/it'**s** we/you/they'**re**	**not being asked/found**	

werde ich (gerade) nicht gefragt/gefunden?		
am	I	**not being asked/found?**
are	you	
is	he/she/it	
are	we/you/they	
KURZFORMEN		
–	–	**being asked/found?**
aren't	you	
isn't	he/she/it	
aren't	we/you/they	

♦ Wenn man ausdrücken möchte, daß gerade/im Augenblick etwas gemacht wird, so muß man das *present progressive* (Verlaufsform der Gegenwart) im Passiv benutzen.

Beispiele: *We haven't got any school today. Our classroom **is being painted**.*
*What **is being done** about pollution in this country?*

19 Simple past passive *(Vergangenheit)*

was/were (not) + past participle

ich wurde gefragt/gefunden		
I	**was**	**asked/found**
you	**were**	
he she it	**was**	
we you they	**were**	

wurde ich gefragt/gefunden?		
was	I	**asked/found?**
were	you	
was	he she it	
were	we you they	

ich wurde nicht gefragt/gefunden		
I	**was**	**not asked/found**
you	**were**	
he/she/it	**was**	
we/you/they	**were**	
KURZFORMEN		
I	**wasn't**	**asked/found**
you	**weren't**	
he/she/it	**wasn't**	
we/you/they	**weren't**	

wurde ich nicht gefragt/gefunden?		
was	I	**not asked/found?**
were	you	
was	he/she/it	
were	we/you/they	
KURZFORMEN		
wasn't	I	**asked/found?**
weren't	you	
wasn't	he/she/it	
weren't	we/you/they	

Beispiele: *A new computer* ***was bought*** *by the firm last week.*
Was *the computer* ***bought*** *for the boss or the secretaries?*
The old computer ***wasn't used*** *by the secretaries.*

24 Future perfect passive *(vollendete Zukunft)*

will (not) have been + past participle

ich werde gefragt/gefunden worden sein	
I you he she it we you they	**will have been asked/found**
KURZFORMEN	
I/you'll he/she/it'll we/you/they'll	**have been asked/found**

werde ich gefragt/gefunden worden sein?		
will	I you he she it we you they	**have been asked/found?**

ich werde nicht gefragt/gefunden worden sein	
I/you he/she/it we/you/they	**will not have been asked/found**
KURZFORMEN	
I/you he/she/it we/you/they	**won't have been asked/found**

werde ich nicht gefragt/gefunden worden sein?		
will	I/you he/she/it we/you/they	**not have been asked/found?**
KURZFORMEN		
won't	I/you he/she/it we/you/they	**have been asked/found?**

Beispiele: *This driving school car* ***will have been driven*** *by over 100 different pupils by the time it is sold.*
Won't *the ship* ***have been unloaded*** *before six o'clock?*
Hurry up, Dennis, otherwise by the time you get home all the food ***will have been eaten****.*

23 Will-future passive

will (not) be + past participle

ich werde gefragt/gefunden werden	
I you he she it we you they	**will be asked/found**
KURZFORMEN	
I/you**'ll** he/she/it**'ll** we/you/they**'ll**	**be asked/found**

werde ich gefragt/gefunden werden?		
will	I you he she it we you they	**be asked/found?**

ich werde nicht gefragt/gefunden werden	
I/you he/she/it we/you/they	**will not be asked/found**
KURZFORMEN	
I/you he/she/it we/you/they	**won't be asked/found**

werde ich nicht gefragt/gefunden werden?		
will	I/you he/she/it we/you/they	**not be asked/found?**
KURZFORMEN		
won't	I/you he/she/it we/you/they	**be asked/found?**

Beispiele: *Don't worry, Mrs Jennings, the thief **will** soon **be found**.*
***Won't** you **be asked** to play volleyball for your school next Saturday?*
*If she goes shopping early, she **won't be caught** in the rush-hour traffic.*

♦ Anstelle von *will* kann das Passiv auch mit anderen Hilfsverben wie *can, must, may, might* („könnte vielleicht") oder *would* verbunden werden.

Beispiel: *She **must be asked**.* ➜ Sie muß gefragt werden.

20 Past progressive passive *(Verlaufsform der Vergangenheit)*

was/were (not) being + past participle

ich wurde (gerade) gefragt/gefunden		
I	**was**	**being asked/found**
you	**were**	
he she it	**was**	
we you they	**were**	

wurde ich (gerade) gefragt/gefunden?		
was	I	**being asked/found?**
were	you	
was	he she it	
were	we you they	

ich wurde (gerade) nicht gefragt/gefunden		
I	**was**	**not being asked/found**
you	**were**	
he/she/it	**was**	
we/you/they	**were**	
KURZFORMEN		
I	**wasn't**	**being asked/found**
you	**weren't**	
he/she/it	**wasn't**	
we/you/they	**weren't**	

wurde ich (gerade) nicht gefragt/gefunden?		
was	I	**not being asked/found?**
were	you	
was	he/she/it	
were	we/you/they	
KURZFORMEN		
wasn't	I	**being asked/found?**
weren't	you	
wasn't	he/she/it	
weren't	we/you/they	

♦ Wenn man ausdrücken möchte, daß gerade/im Augenblick etwas gemacht wurde, so benutzt man das *past progressive passive*.

Beispiele: *The criminal thought he* ***was being followed*** *by the police.*
A Rolling Stones song ***was being played*** *as we entered the disco.*

21 Present perfect passive *(Perfekt)*

have/has (not) been + past participle

ich bin gefragt/gefunden worden		
I you	**have**	**been asked/found**
he she it	**has**	
we you they	**have**	
KURZFORMEN		
I/you'**ve**	**been asked/found**	
he/she/it'**s**		
we/you/they'**ve**		

bin ich gefragt/gefunden worden?		
have	I you	**been asked/found?**
has	he she it	
have	we you they	

ich bin nicht gefragt/gefunden worden		
I/you	**have**	**not been asked/found**
he/she/it	**has**	
we/you/they	**have**	
KURZFORMEN		
I/you'**ve** he/she/it'**s** we/you/they'**ve**	**not been asked/found**	
I/you	**haven't**	**been asked/found**
he/she/it	**hasn't**	
we/you/they	**haven't**	

bin ich nicht gefragt/gefunden worden?		
have	I/you	**not been asked/found?**
has	he/she/it	
have	we/you/they	
KURZFORMEN		
haven't	I/you	**been asked/found?**
hasn't	he/she/it	
haven't	we/you/they	

Beispiele: *I **have been asked** to help write the school magazine.*
***Haven't** you **been paid** yet?*
*The windows of this old house **haven't been painted** for many years.*

22 Past perfect passive *(Plusquamperfekt)*

had (not) been + past participle

ich war gefragt/gefunden worden	
I you he she it we you they	**had been asked/found**
KURZFORMEN	
I/you'**d** he/she/it'**d** we/you/they'**d**	**been asked/found**

war ich gefragt/gefunden worden?		
had	I you he she it we you they	**been asked/found?**

ich war nicht gefragt/gefunden worden	
I/you he/she/it we/you/they	**had not been asked/found**
KURZFORMEN	
I/you'**d** he/she/it'**d** we/you/they'**d**	**not been asked/found**
I/you he/she/it we/you/they	**hadn't been asked/found**

war ich nicht gefragt/gefunden worden?		
had	I/you he/she/it we/you/they	**not been asked/found?**
KURZFORMEN		
hadn't	I/you he/she/it we/you/they	**been asked/found?**

Beispiele: *The holiday makers **had been warned** about the weather but they still took out their boats.*
*If she **hadn't been taken** to hospital, she would have died.*